Lb 51.
132.

PROJET DE SANCTION.

1830.

PROJET
DE
SANCTION

RELATIF

A LA NOUVELLE

 Charte Constitutionnelle,

OU

COMPLÉMENT DE LA RÉVOLUTION

DE 1830.

A FOIX;
DE L'IMPRIMERIE DE JEAN POMIÉS.

PROJET DE SANCTION

DE LA NOUVELLE CHARTE CONSTITUTIONNELLE.

INTRODUCTION.

Ce projet d'une loi constitutionnelle sur le sanctionnement de la Charte fut conçu par moi dès la première nouvelle de l'élection du ROI DES FRANÇAIS ; mais je fus empêché de le rédiger par des circonstances qui m'étaient particulières. Je sais que maintenant ce projet est devenu tardif, et peut sembler à plusieurs n'être plus de saison, par le changement des circonstances générales, (par l'adhésion nouvelle des Puissances de l'Europe à cette grande élection); néanmoins je considère que le dessein de cette loi demeure toujours opportun et nécessaire par deux motifs :

1.º Pour établir la manière régulière de faire sanctionner, à l'avenir dans la Charte, les réformes qui seront trouvées convenables;

Et 2.º parce que ce projet seul accorde au Peuple le degré d'avantage que dans la révolution dernière il a tout à la fois mérité par sa sagesse et conquis par sa victoire.

J'ai donc cru devoir publier aujourd'hui ce dessein, afin de donner au Peuple français l'idée d'une prérogative nouvelle qui lui est impérieusement due, et afin qu'il en réclame la possession.

PROJET
De Sanction

RELATIF A LA NOUVELLE

CHARTE CONSTITUTIONNELLE,

OU

Complément de la Révolution

DE 1830.

La révolution qui vient de s'opérer en France est la plus juste et la plus belle qui ait encore eu lieu. Elle semble être le but le plus heureux de toutes les révolutions passées, et marquer le dégré de la civilisation la plus avancée jusqu'à ce jour. On doit donc maintenant chercher les moyens de rendre cette révolution solide et irrévocable. Un moyen que j'ai cru trouver pour cela, serait lui-même une seconde partie de la révolution aussi hardie que la première; serait le complément de la première, et me semble devoir naturellement la suivre.

Je veux ici exposer ce moyen de consolider la révolution nouvelle, et pour cela je dois d'abord examiner rapidement quelle est la nature de cette dernière.

§. I.er *Nature de la Révolution législative nouvelle.*

Dans cette révolution la Chambre des Députés, secondée par celle des Pairs, vient de réformer et modifier en mieux la loi fondamentale du Royaume, par deux nouvelles lois, dont l'une change la branche de la famille régnante, et l'autre change, sur des points essentiels, la Charte constitutionnelle.

La Chambre a-t-elle eu le droit d'opérer cette grande réforme ? A-t-elle eu le droit de changer la branche régnante et de changer la Charte ? Il s'est formé sur cette question principalement deux opinions, deux partis contraires.

1.º Les uns ont dit que les Députés de la Chambre élective ayant été *constitués* et élus par l'autorité du Roi Charles X, et par celle de la Charte, la Chambre de ces Députés était sans mandat pour s'établir en pouvoir *constituant* et pour constituer un autre Roi et en partie une autre Charte. Qu'il en est de même de la Chambre des Pairs.

2.º Les autres, au contraire, (qui sont la majorité des deux Chambres), disent, que d'une part le Roi ayant rompu le contrat par la violation de la Charte, cette Charte aussi étant évidemment trop facile à violer ; et d'une autre part, la Patrie, par cette violation, ayant été jetée dans le plus grand trouble et le plus grand danger ; ce danger, et l'urgence des circonstances, avaient exigé des deux Chambres que, agissant d'après la suprême loi, d'après la loi souveraine ou *constituante* qui est *le salut du Peuple*, elles déployassent avec force toute leur autorité et même l'outrepassassent pour sauver la Patrie. C'est pourquoi elles ont jugé nécessaire d'opérer dans l'État ces deux grandes réformes, (l'une de la Branche régnante, et l'autre de la Charte).

Telles sont les deux opinions principales qui ont partagé, quoique très-inégalement, les suffrages des Chambres, et même ceux de la Nation. Je pense que ces deux opinions sont chacune en partie fondées. Je pense que d'un côté les Chambres législatives ont pu et dû sauver la France par ces deux grands changemens, provisoirement établis, et qu'elles ont, en les établissant, éminemment bien mérité de la Patrie; mais qu'elles ne l'ont pu que provisoirement et non définitivement; que ces changemens justement opérés par elles, ont besoin, pour devenir définitifs et à jamais solides, d'être confirmés et sanctionnés par le Pouvoir *constituant.*

Il faut donc maintenant que cette grande réforme de la constitution soit présentée au Pouvoir constituant et soumise à sa sanction.

Mais ce Pouvoir constituant, quel doit-il être ? c'est ce que je me propose d'exposer. Ce Pouvoir est le *peuple souverain*, non pas la masse entière du peuple (cette masse assemblée, ses décrets, sa sanction ne sont encore nullement dans nos mœurs) mais une certaine section choisie de ce peuple, laquelle par son nombre et sa variété, par son instruction et son éducation, par sa position, son rang et sa fortune, est le représentant du peuple, d'une part le plus complet, de l'autre le mieux connu, le plus influant et le plus ami, est, dis-je, sous tous les rapports, son représentant le plus parfait. Cette section du peuple, choisie et pro-souveraine, je vais la déterminer, en exposant la loi constitutionnelle principale sur la sanction de la nouvelle constitution.

§. 2.ᵉ *Projet de Loi constitutionnelle principale sur la sanction de la nouvelle Constitution.*

Pour cette loi fondamentale future, le Roi Philippe I.ᵉʳ doit seul prendre l'initiative, et la proposer aux Chambres législatives dans leur présente session.

Cette loi fondamentale aura deux parties.

1.ʳᵉ Partie : Composition du Corps constituant.

2.ᵉ Partie : Manière de procéder de ce Corps.

I ʳᵉ *Partie : Composition du Corps constituant.*

Je dois dire d'abord la composition du Corps électoral.

Toute assemblée électorale, devenue désormais plus nombreuse qu'elle n'était, sera composée, 1.º de tous les électeurs précédens ou actuels, et 2.º de tous les divers notables qui, jusqu'à présent, sans être électeurs, étaient compris dans la liste du Jury; en sorte que l'Assemblée électorale et le Jury judiciaire seront composés des mêmes membres, et par conséquent unis à perpétuité dans toutes leurs fonctions en un seul et même corps.

C'est de cette manière que seront composés les Corps électoraux.

Les Assemblées d'Électeurs et Jurés du Département ainsi composées, sont à l'avenir par leur ensemble le Pouvoir constituant ou pro-Souverain Français.

La Souveraineté en France aura deux formes ou sections différentes, l'une passive et vague, l'autre active et formelle. Le Souverain passif et vague consiste dans la grande masse du peuple : il règne seulement par son consentement tacite, ou par l'opinion publique, par la renommée. Le Souverain actif et formel qu'on doit appeler le pro-Souverain ou le pouvoir constituant, consiste dans l'ensemble des Corps électoraux - jurés de tous les Départemens : il règne par ses sanctions formelles, par ses lois constitutionnelles, écrites et promulguées.

Le Roi, la Chambre des Députés et la Chambre des Pairs, qui sont les trois Grands Corps constitués, doivent reconnaître le Souverain ou le Grand Corps constituant sous ces deux formes ou dans ces deux sections, et jurer de leur être fidèles.

Telle sera la composition du Corps constituant.

2.º PARTIE : *Manière de procéder du Corps constituant ou pro-Souverain.*

Lorsque la Chambre des Députés, dans la session actuelle, aura avec les deux autres Pouvoirs législatifs fait cette Loi sur la composition du Corps électoral-juré ou du Corps constituant, alors où vers la fin de la session, la Chambre des députés déléguera et renverra chacun de ses Membres auprès de son Département députant, c'est-à-dire, auprès de l'Assemblée électorale qui l'a élu, ou plutôt de l'assemblée constituante et pro-Souveraine, dont une partie l'a élu. Elle le déléguera pour rendre compte à cette Assemblée députante comme à son Commettant, de la partie de ses opérations législatives qui concerne la constitution, c'est-à-dire de ses deux lois ou projets de lois constitutionnelles sur la Branche régnante et sur la réforme de la Charte. Elle chargera ces Députés délégués de soumettre chacun les projets de ces deux dites lois à la sanction de cette Assemblée constituante de Département, et de les y soutenir et défendre de tous les moyens de persuasion qui seront en leur pouvoir, pour obtenir cette sanction.

Pour les soutenir plus efficacement, chaque Député sera assisté, dans ladite assemblée électorale et constituante, de deux orateurs nommés par lui et chargés, sous le titre d'*Orateurs commissaires*, de l'aider au besoin à soutenir ledit projet de loi fondamentale.

Entre tous les Députés, sont chargés par la Chambre de cette délégation, ceux-là seuls qui ont assisté à la session présente de 1830 dès ses commencemens, et qui en outre y ont voté sur et pour les deux dites lois fondamentales. Entre les autres Députés, ceux qui n'y ont pas assisté sont déclarés exclus de la députation ; et dans ladite délégation générale des députés auprès des assemblées électorales, ils seront suppléés dans les leurs par les Députés surnuméraires et effectifs du même département, ou par un de tels Députés d'un département voisin.

Ces lois étant ainsi établies, et les opérations nécessaires de la session législative actuelle étant terminées, cette session sera close à l'ordinaire ; et chaque députation se rendra à son département commettant. — De suite après la clôture, le Roi convoquera les assemblées électorales ou constituantes de département, pour un terme assez prochain, et dans le cours de la présente année 1830.

Dans chacune de ces assemblées d'arrondissement va siéger, comme il a été dit, son Député assisté de ses deux Orateurs *commissaires*. La séance étant ouverte, après le discours du Président, le Député prononce le sien conformément à la mission ci-dessus exposée. De la part des trois pouvoirs législatifs, il consulte respectueusement l'Assemblée constituante sur les deux grands projets de lois Constitutionnelles, et les soumet à son jugement co-souverain. D'après cette démarche du Député, le Président propose à l'Assemblée les deux questions suivantes :

1.° *L'Assemblée du département approuve-t-elle les changemens apportés par les deux Chambres à la Charte Constitutionnelle ?*

2.° *Approuve-t-elle la nomination du Duc d'Orléans, PHILIPPE I.*er*, comme Roi des Français ?* (*)

L'Assemblée peut discuter et débattre librement ces questions; mais la discussion, très-peu prolongée et terminée en un jour, durera deux heures au moins et dix au plus, variera entre ces deux limites selon la variété des circonstances ou calmes ou orageuses, et selon la décision sans appel d'un comité de bureau composé du Président, du Député, du reste du Bureau et des quatre plus anciens de l'Assemblée. A la fin, et lorsqu'il le jugera convenable, ce Comité du bureau et des anciens prononcera, par l'organe du Président, la clôture de la discussion. ---- Alors le Président répétera les deux questions précédentes et les mettra aux voix. ---- Chaque Electeur, sur un billet où elles seront imprimées, y répondra par *oui* ou par *non*. Il remettra son billet au Président qui le déposera dans une urne commune. Quand tous auront donné leurs suffrages, le bureau de l'Assemblée procédera à leur dépouillement publiquement et sans désemparer.

Le procès-verbal de ce dépouillement sera déposé aux archives départementales, et le Président en remettra une expédition audit Député en le chargeant, de la part de l'Assemblée co-Souveraine, de l'apporter à la session prochaine de la Chambre élective.

Desuite après cette révision constituante, dans les arrondissemens dont les Députés auront été annullés et suppléés, la même Assemblée devenant électorale les remplacera en procédant à une nouvelle élection d'après la loi d'élection dernièrement établie. Le nouveau Député sera chargé des mêmes procès-verbal et commission que les précédents.

Dans la session prochaine de ladite Chambre élective (qui sera donc presque la même que la précédente) tous les procès-verbaux apportés par les différens Députés étant réunis et comparés, établiront par leur ensemble la volonté de la majorité des Assemblées constituantes, et peut-être celle de leur unanimité. Et cette volonté Souveraine sera proclamée par le Président de la Chambre, loi définitive et constitutionnelle de la Nation française. — Cette grande loi de la section du Souverain active et formelle, dès-qu'elle sera ainsi proclamée; l'autre section du même Souverain, passive et vague, la masse du peuple l'accueillera sans doute dans cette circonstance, non-seulement comme à l'ordinaire, par son consentement tacite mais par son applaudissement éclatant et par les signes manifestes de l'alégresse générale.

Lorsque dans la suite des années le Corps législatif jugera nécessaire quelque changement à la Charte constitutionnelle, le même Corps constituant sera chargé de réviser et juger sous la même forme ci-dessus établie ce projet de changement et de l'annuller ou le sanctionner.

L'exécution de ces décisions Souveraines du Corps constituant, et celle de la présente loi constitutionnelle, est mise, comme l'est déjà la Charte entière, sous la protection et la garantie de la Garde Nationale Française. Et pour que cette protection et cette garantie ne soient pas illusoires le Corps législatif organisera par une loi spéciale la marche et les conditions sous lesquelles cette Garde pourra désormais, au besoin, les accomplir et s'acquitter efficacement de cette grande défense. Dans ce cas, comme la Garde Nationale est à-peu-près composée du peuple entier ou des deux sections du Souverain, soit vague, soit formelle : dans ce cas, dis-je, le Peuple souverain presque entier, souverain d'une espèce nouvelle, défendra lui-même sa loi contre tous les obstacles par sa propre valeur.

Département des Pyrénées-centrales, le 25 Août 1830.

DURAN.

Au Roi.

Sire,

Le Peuple Français vient de prouver, dans les journées mémorables de juillet dernier, par sa sagesse autant que par sa valeur, qu'il est digne d'exercer ses droits naturels et de contribuer, au moins par son consentement formel à l'élection de ses chefs. Il l'a prouvé surtout par l'amour et l'enthousiasme avec lequel il a prévenu et accueilli l'élection qui vous a élevé à la dignité de son chef suprême.

D'une autre part, ce consentement formel du peuple à votre élection est le seul appui qui puisse donner à votre Royale Famille cette stabilité, qui est si nécessaire à notre bonheur.

J'ose vous exposer dans l'écrit ci-joint un mode régulier de demander ce consentement. Cette demande, qui serait dangereuse pour un Prince d'un faible mérite et chez un

Peuple ignorant et capricieux, est au contraire pour vous et pour le peuple Français une grande occasion de faire briller, le peuple par son consentement général, ses lumières et sa sagesse; et vous, par votre juste et pleine confiance, votre perspicacité et votre magnanimité.

Il est utile à tous et au maintien de la paix générale, que l'Europe, dans l'accord presque unanime de nos votes sur cet objet, apprenne à connaître la sympathie qui existe à la fois, soit chez les Français entre les Citoyens, soit surtout entre la France et Vous.

Je crois donc que la proposition que j'ose soumettre à votre haut jugement est juste, infiniment utile et digne à la fois de Vous et du peuple Français.

Agréez - Sire, l'hommage de votre très-fidèle et très obéissant serviteur et sujet.

D....

(*) **POST SCRIPTUM.**

NOTE sur les deux questions de la Sanction,
(*Page* 8.)

De ces deux questions officielles, la seconde, relative à l'élection de Philippe Ier, peut paraître à plusieurs être devenue maintenant superflue, et même peu prudente, attendu que cette élection est déjà, par elle-même, solide et inébranlable, ou qu'on ne pourrait, diraient-ils, que l'infirmer en la remettant en question : je pense donc que dans la délibération future du Corps constituant, cette seconde demande peut être omise.

Mais il n'en est pas de même de la demande première relative à la sanction de la Charte. L'obligation de celle-ci demeure dans toute sa force; et je pense qu'il est juste et nécessaire que le Peuple entre incessamment en possession de ce grand droit, par la position officielle de cette question, sur la Charte, devant son Corps constituant. La partie constituante du Souverain doit donner sa sanction formelle à la Charte constitutionnelle présente.

www.ingramcontent.com/pod-product-compliance
Lightning Source LLC
Chambersburg PA
CBHW071414060426
42450CB00009BA/1887